école - мактаб	2
voyage - саёҳат	5
transport - транспорт	8
ville - шаҳар	10
paysage - манзара	14
restaurant - ресторан	17
supermarché - супермаркет	20
boissons - ичимликлар	22
aliments - таом	23
ferme - чорвачилик хўжалиги	27
maison - уй	31
salle de séjour - меҳмонхона	33
cuisine - ошхона	35
salle de bains - ваннахона	38
chambre d'enfant - болалар хонаси	42
vêtements - кийим	44
bureau - идора	49
économie - иқтисод	51
professions - касблар	53
outils - асбоблар	56
instruments de musique - мусиқа асбоблари	57
zoo - ҳайвонот боғи	59
sports - спорт ўйинлари	62
activités - машғулот	63
famille - оила	67
corps - тана	68
hôpital - шифохона	72
urgence - тез ёрдам	76
Terre - Ер	77
heure - соат	79
semaine - хафта	80
année - йил	81
formes - шакллар	83
couleurs - ранглар	84
opposés - қарама-қарши маъноли сўзлар	85
nombres - рақамлар	88
langues - тиллар	90
qui / quoi / comment - ким / нима / қандай	91
où - қаерда	92

Impressum
Verlag: BABADADA GmbH, Nedderfeld 112 , 22529 Hamburg
Geschäftsführer / Verlagsleitung: Harald Hof
Druck: Books on Demand GmbH, In de Tarpen 42, 22848 Norderstedt

Imprint
Publisher: BABADADA GmbH, Nedderfeld 112 , 22529 Hamburg, Germany
Managing Director / Publishing direction: Harald Hof
Print: Books on Demand GmbH, In de Tarpen 42, 22848 Norderstedt

école
мактаб

- diviser / бўлмоқ
- tableau / доска
- salle de classe / синф
- cour d'école / мактаб ҳовлиси
- enseignant / ўқитувчи
- papier / қоғоз
- stylo / ручка
- bureau de travail / иш столи
- écrire / ёзмоқ
- règle / линейка
- livre / китоб
- écolier / ўқувчи

sac d'écolier
осма сумка

trousse
қаламдон

crayon
қалам

taille-crayon
қалам учлагич

gomme à effacer
ўчиргич

bloc de papier à dessin
расм албоми

dessin
чизмачилик

pinceau
бўёқ чўтка

boîte de peintures
бўёқдон

ciseaux
қайчи

colle
елим

cahier d'exercices
машғулот дафтари

devoirs
уй иши

chiffre
рақам

additionner
қўшмоқ

soustraire
айирмоқ

multiplier
кўпайтирмоқ

calculer
ҳисобламоқ

lettre
хат

alphabet
алифбо

mot
сўз

école - мактаб

texte
матн

lire
ўқимоқ

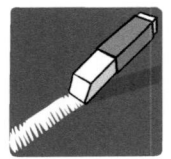

craie
бўр

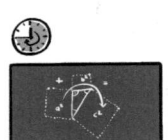

leçon
дарс

le cahier de notes
журнал

examen
имтиҳон

certificat
гувоҳнома

uniforme scolaire
мактаб формаси

éducation
таълим

encyclopédie
қомус

université
олийгоҳ

microscope
микроскоп

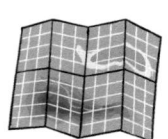

carte
харита

corbeille à papier
урна

école - мактаб

voyage
саёҳат

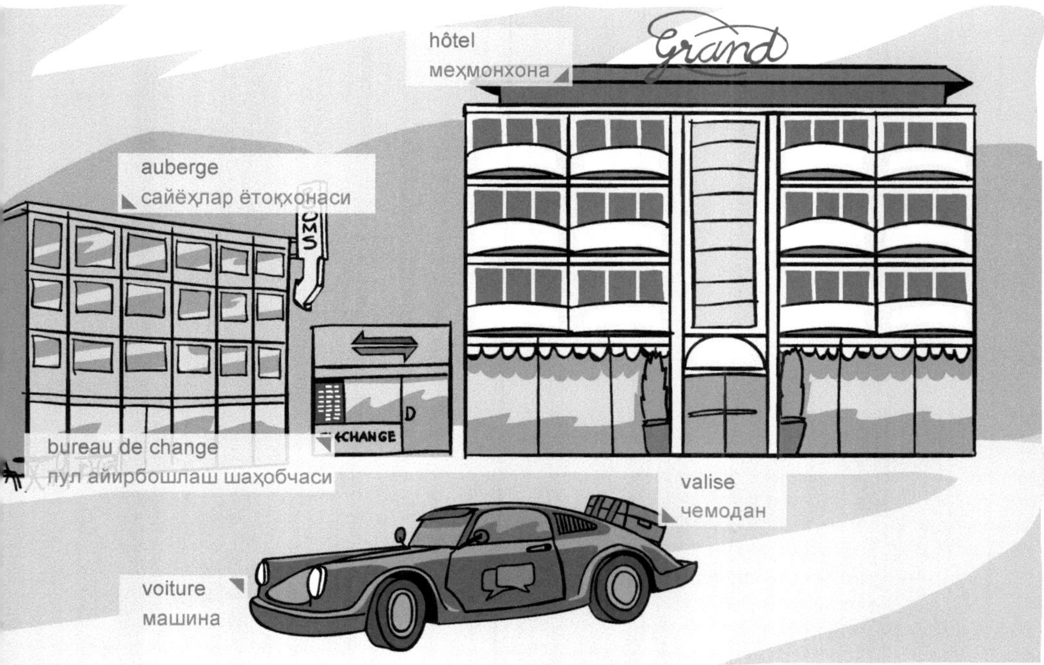
hôtel
меҳмонхона
Grand
auberge
сайёҳлар ётоқхонаси
bureau de change
пул айирбошлаш шаҳобчаси
valise
чемодан
voiture
машина

langue

тил

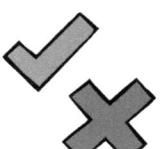

oui / non

ҳа / йўқ

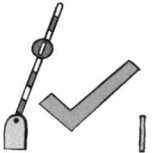

Okay

Хўп

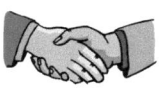

Allo!

салом

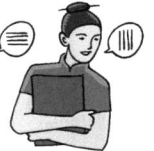

traducteur

таржимон

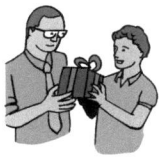

Merci

Раҳмат

Combien coûte...?
неча пул...?

Je ne comprends pas
Тушунмадим

problème
муаммо

Bonsoir !
Хайрли кеч!

Bonjour !
Хайрли тонг!

Bonne nuit !
Хайрли тун!

bye bye
кўришгунча

direction
йўналиш

bagages
йўловчи юки

sac
сафархалта

sac à dos
юк халта

invité
меҳмон

pièce
хона

sac de couchage
уйқуқоп

tente
чодир

voyage - саёҳат

bureau d'information touristique

саёҳларга маълумот бериш столи

plage

пляж

carte de crédit

омонат карта

déjeuner

нонушта

dîner

нонушта

souper

кечки овқат

billet

чипта

ascenceur

лифт

timbre

марка

frontière

чегара

douane

божхона

ambassade

элчихона

visa

виза

passeport

паспорт

voyage - саёҳат

transport
транспорт

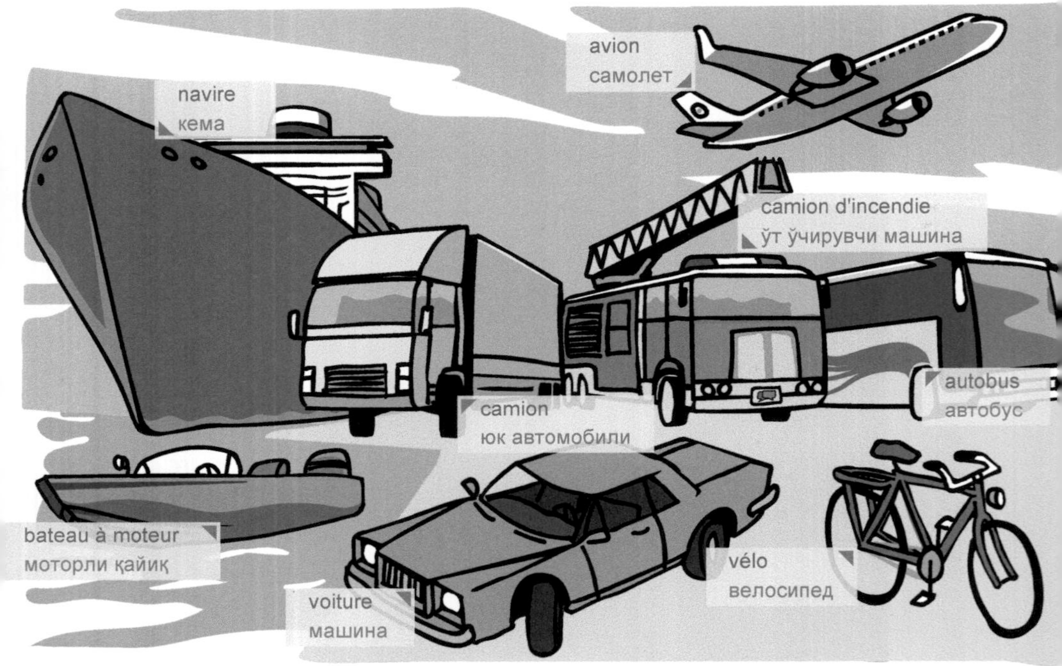

avion
самолет

navire
кема

camion d'incendie
ўт ўчирувчи машина

camion
юк автомобили

autobus
автобус

bateau à moteur
моторли қайиқ

voiture
машина

vélo
велосипед

traversier

солсимон ясси кема

bateau

қайиқ

motocyclette

мотоцикл

voiture de police

посбон машинаси

voiture de course

пойга машинаси

voiture de location

ижарага олинган автоулов

8   transport - транспорт

autopartage

автоижара

dépanneuse

шатакка олувчи юк автомобили

camion à ordures

ахлат машинаси

moteur

мотор

carburant

ёқилғи

station-service

ёғилғи қуйиш шаҳобчаси

panneau de signalisation

йўл белгиси

circulation

йўл ҳаракати

embouteillage

тирбанд

parc de stationnement

автомобил тўхтаб туриш жойи

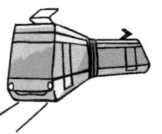

gare

поезд бекати

voies ferrées

рельс

train

поезд

tramway

трамвай

wagon

вагон

transport - транспорт

hélicoptère
вертолёт

aéroport
аэропорт

tour
минора

passager
йўловчи

conteneur
контейнер

boîte en carton
қоғоз қути

chariot
аравача

panier
сават

décoller / atterrir
учмоқ / қўнмоқ

ville
шаҳар

village
қишлоқ

centre-ville
шаҳар маркази

maison
уй

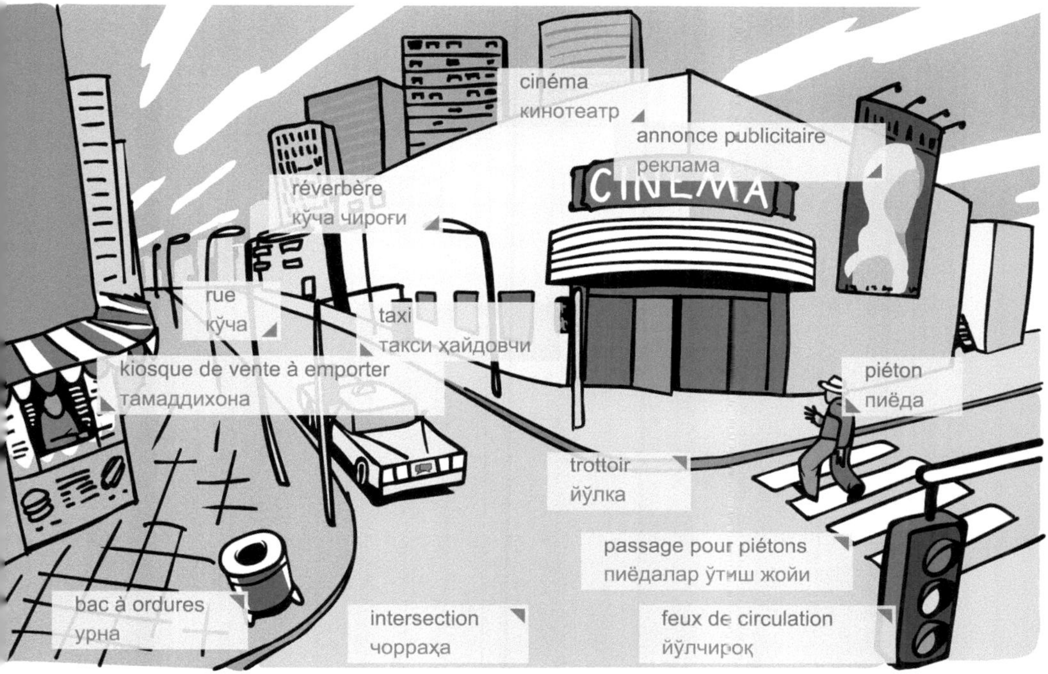

	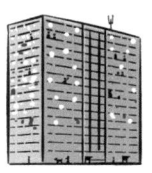	
cabane	appartement	gare
кулба	квартира	поезд бекати

hôtel de ville	musée	école
маҳаллий ҳокимият биноси	музей	мактаб

ville - шаҳар

université
олийгоҳ

banque
банк

hôpital
шифохона

hôtel
меҳмонхона

pharmacie
дорихона

bureau
идора

librairie
китоб дўкони

magasin
дўкон

fleuriste
гул дўкони

supermarché
супермаркет

marché
бозор

grand magasin
универмаг

poissonnerie
балиқ дўкони

centre commercial
савдо маркази

port
бандаргоҳ

ville - шаҳар

parc
истироҳат боғи

banc
банк

pont
кўприк

escaliers
зинапоя

métro
метро

tunnel
ер ости йўли

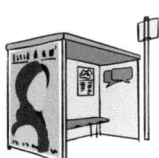

arrêt d'autobus
автобус бекати

bar
бар

restaurant
ресторан

boîte à lettres
почта қутиси

plaque de rue
кўча ёзув осма тахтаси

parcomètre
тўхтаб туриш вақтини ҳисоблагич

zoo
ҳайвонот боғи

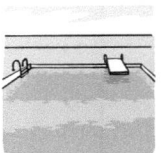

bains publics
бассейн

mosquée
масжид

ville - шаҳар

ferme
чорвачилик хўжалиги

pollution
атроф-муҳит ифлосланиши

cimetière
қабристон

église
ибодатхона

aire de jeux
болалар ўйингоҳи

temple
эҳром

paysage
манзара

feuille — япроқ
panneau indicateur — йўлкўрсатгич
chemin — йўл
pré — ўтлоқ
pierre — тош
arbre — дарахт
randonneur — пиёда сайёҳ
rivière — дарё
herbe — майса
fleur — гул

paysage - манзара

vallée
водий

colline
қир

lac
кўл

forêt
ўрмон

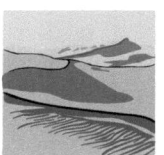
désert
чўл

volcan
вулкан

château
қалъа

arc-en-ciel
камалак

champignon
қўзиқорин

palmier
пальма дарахти

moustique
пашша

mouche
чивин

fourmi
чумоли

abeille
асалари

araignée
ўргимчак

paysage - манзара

scarabée
qўнғиз

grenouille
қурбақа

écureuil
олмахон

hérisson
типратикон

lièvre
қуён

chouette
укки

oiseau
қуш

cygne
оққуш

sanglier
эркак чўчқа

cerf
буғу

orignal
бутоқ шоҳли кийик

barrage
тўғон

éolienne
шамол генератори

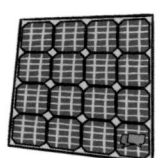

panneau solaire
қуёш батареяси

climat
иқлим

paysage - манзара

restaurant
ресторан

serveur
официант

menu
таомнома

chaise
стул

soupe
шӯрва

pizza
пицца

coutellerie
ошхона анжомлари

nappe
дастурхон

hors-d'œuvre
газак

plat principal
асосий таом

dessert
десерт

boissons
ичимликлар

aliments
таом

bouteille
бутилка

restaurant - ресторан   17

restauration rapide
тез пишар таом

cuisine de rue
кўча таоми

théière
чойнак

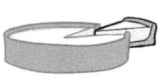

sucrier
шакардон

part
порция

machine à expresso
эспрессо кофе машинаси

chaise haute d'enfant
болалар курсичаси

facture
ҳисоб

plateau
лаган

couteau
пичоқ

fourchette
санчқи

cuillère
қошиқ

cuillère à thé
чой қошиқ

serviette
қўл сочиқ

verre
стакан

restaurant - ресторан

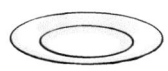

assiette
ликоп

assiette creuse
шўрва коса

soucoupe
тақсимча

sauce
қайла

salière
туздон

moulin à poivre
қалампир янчгич

vinaigre
сирка

huile
ёғ

épices
зираворлар

ketchup
кетчуп

moutarde
хантал

mayonnaise
майонез

supermarché

супермаркет

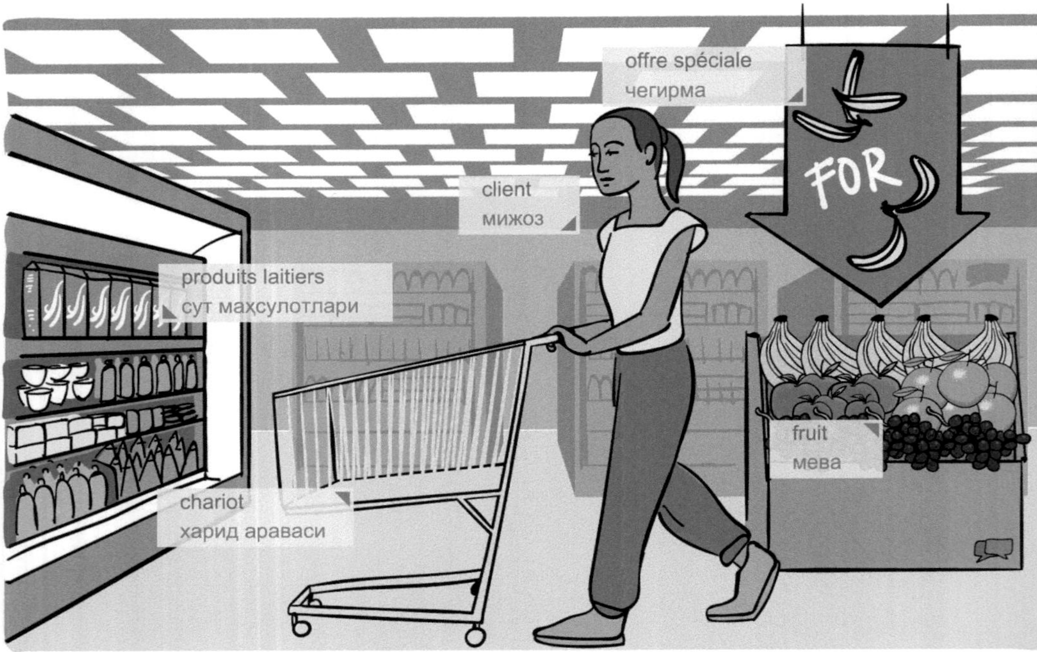

offre spéciale
чегирма
client
мижоз
produits laitiers
сут маҳсулотлари
fruit
мева
chariot
харид араваси
FOR

BUTCHERS

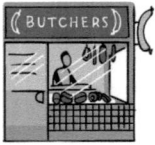

boucherie

....

қассобхона

BAKERY

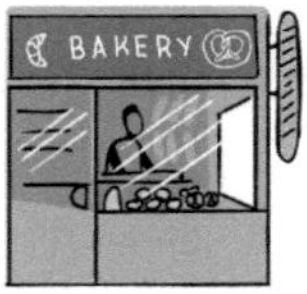

boulangerie

....

нонвойхона

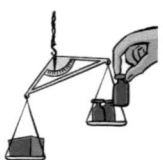

peser

....

тарозида ўлчамоқ

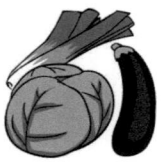

légumes

....

сабзавот

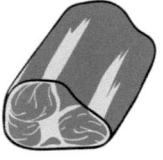

viande

....

гўшт

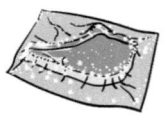

aliments congelés

....

музлатилган таомлар

viandes froides
яхна гӯшт

conserves
консерва

détergent à lessive en poudre
кир ювиш воситаси

sucreries
ширинликлар

produits d'entretien ménager
кундалик истеъмол моллар

produits d'entretien
ювиш воситалари

vendeuse
сотувчи

caisse
касса аппарати

caissier
ғазначи

liste de provisions
харид рӯйхати

heures d'ouverture
иш вақти

portefeuille
ҳамён

carte de crédit
омонат карта

sac
халта

sac plastique
целлофан халта

supermarché - супермаркет

boissons
ичимликлар

eau
сув

jus
шарбат

lait
сут

cola
кока-кола

vin
вино

bière
пиво

alcool
спиртли ичимлик

cacao
какао

thé
чой

café
кофе

expresso
эспрессо

cappuccino
капучино

aliments
таом

banane
банан

pomme
олмахон

orange
апельсин

melon d'eau
қовун

citron
лимон

carotte
сабзи

ail
саримсоқ

bambou
бамбук

oignon
пиёз

champignon
қўзиқорин

noix
ёнғоқ

nouilles
лағмон

spaghettis
спагетти

riz
гуруч

salade
салат

frites
картошка-фри

pommes de terre sautées
қовурилган картошка

pizza
пицца

hamburger
гамбургер

sandwich
сэндвич

escalope
тўқмоқланган тўш қиймаси

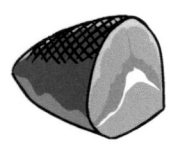

jambon
дудланган чўчқа гўшти

salami
салями колбасаси

saucisse
сосиска

poulet
товуқ гўшти

rôti
қовурилган

poisson
балиқ

aliments - таом

gruau d'avoine
сули бўтқаси

muesli
мюсли

flocons de maïs
маккажўхори ёрмаси

farine
ун

croissant
француз булочкаси

petit pain
булочка

pain
нон

rôtie
қизартирилган нон бўлаги

biscuits
пиширик

beurre
сариёғ

caillé
творог

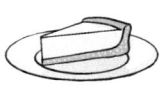
gâteau
пирог

œuf
тухум

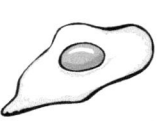
œuf miroir
қовурилган тухум

fromage
пишлоқ

aliments - таом

crème glacée	sucre	miel
музқаймоқ	шакар	асал

confiture	crème de nougat	cari
мураббо	шоколад пастаси	зарчава

aliments - таом

ferme
чорвачилик хўжалиги

ferme — деҳқон уйи
grange — пичанхона
ballot de paille — похол тугуни
champ — дала
cheval — от
remorque — тиркама
poulain — қулун
tracteur — трактор
âne — эшак
mouton — қўй
agneau — қўзи

chèvre
эчки

vache
сигир

veau
бузоқ

porc
чўчқа

porcelet
чўчқа боласи

taureau
буқа

ferme - чорвачилик хўжалиги

oie — ғоз

canard — ўрдак

poussin — жўжа

poule — товуқ

coq — хўроз

rat — каламуш

chat — мушук

souris — сичқон

bœuf — хўкиз

chien — ит

niche — каталак

tuyau d'arrosage — ховли боғ шланги

arrosoir — гулчелак

FALSE — белўроқ

charrue — темир омоч

ferme - чорвачилик хўжалиги

faucille

қўлўроқ

binette

чопқи

fourche à foin

паншаха

hache

болта

brouette

ғалтакарава

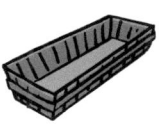

auge

охур

pot à lait

сут бидони

grand sac

тўрва

clôture

панжара

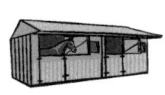

écurie

оғилхона

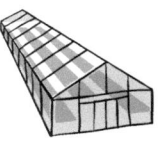

serre

иссиқхона

sol

тупроқ

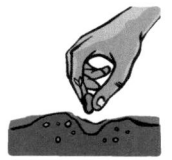

graines

уруғ

engrais

ўғит

moissonneuse-batteuse

комбайн

récolter
ҳосил олмоқ

récolte
йиғим-терим

igname
ямс

blé
буғдой

soja
соя

pomme de terre
картошка

maïs
маккажўхори

graine de colza
рапс уруғи

arbre fruitier
мевали дарахт

manioc
маниок

grains
ёрма

ferme - чорвачилик хўжалиги

maison
уй

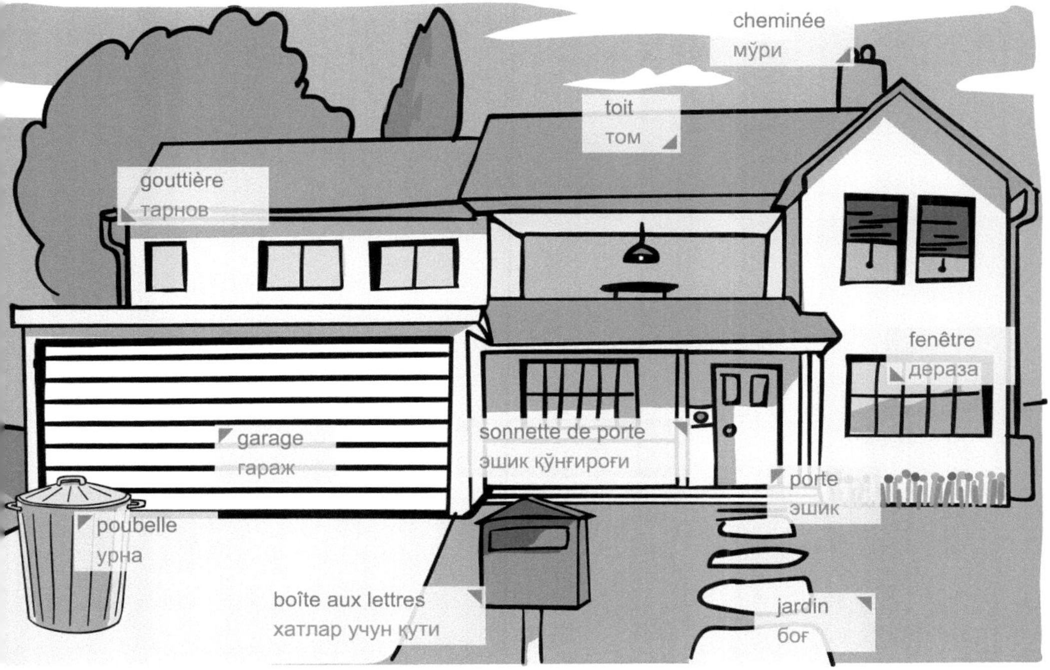

- cheminée — мӯри
- toit — том
- gouttière — тарнов
- fenêtre — дераза
- garage — гараж
- sonnette de porte — эшик қӯнғироғи
- porte — эшик
- poubelle — урна
- boîte aux lettres — хатлар учун қути
- jardin — боғ

salle de séjour

меҳмонхона

salle de bains

ваннахона

cuisine

ошхона

chambre à coucher

ётоқхона

chambre d'enfant

болалар хонаси

salle à manger

ошхона

maison - уй

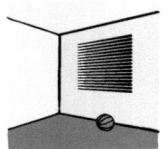

plancher
пол

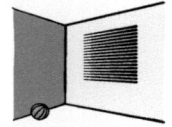

mur
девор

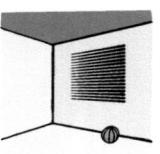

plafond
шип

cellier
подвал

sauna
сауна

balcon
болохона айвони

terrasse
айвон

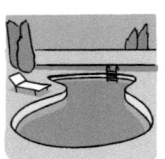

piscine
бассейн

tondeuse à gazon
ўт ўргич машина

drap
кўрпажилд

jeté de lit
чойшаб

lit
кроват

balai
супурги

seau
пақир

interrupteur
мурват

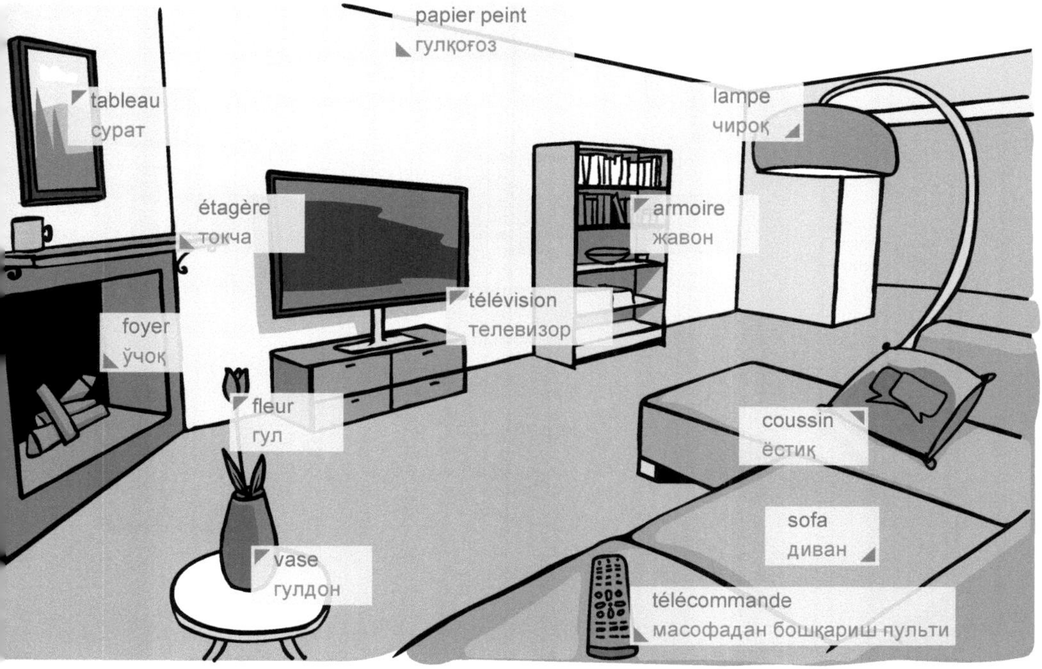

salle de séjour
меҳмонхона

- tableau / сурат
- papier peint / гулқоғоз
- lampe / чироқ
- étagère / токча
- armoire / жавон
- foyer / ўчоқ
- télévision / телевизор
- fleur / гул
- coussin / ёстиқ
- vase / гулдон
- sofa / диван
- télécommande / масофадан бошқариш пульти

tapis
гилам

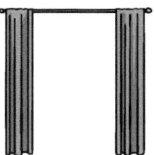

rideau
парда

table
стол

chaise
стул

berceuse
тебранма курси

fauteuil
кресло

livre
китоб

couverte
кўрпа

décoration
ҳашам

bois de chauffage
ўтин

film
кино

chaîne hi-fi
стерео қурилма

clé
калит

journal
рўзнома

peinture
расм

affiche
плакат

radio
радио

bloc-notes
ён дафтар

aspirateur
чанг ютгич

cactus
кактус

chandelle
шам

salle de séjour - меҳмонхона

cuisine
ошхона

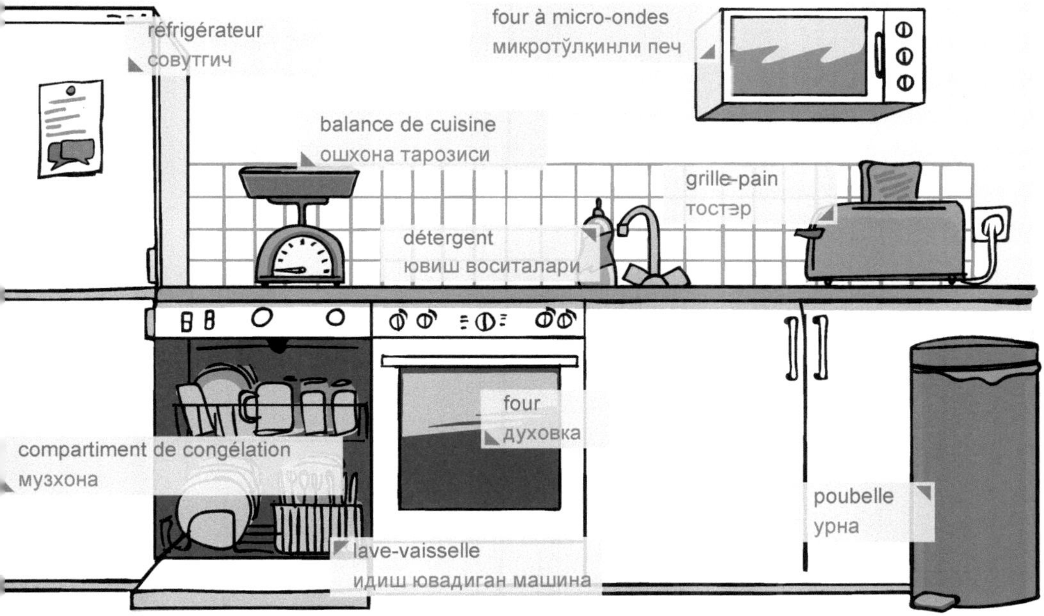

réfrigérateur
совутгич

four à micro-ondes
микротўлқинли печ

balance de cuisine
ошхона тарозиси

grille-pain
тостэр

détergent
ювиш воситалари

compartiment de congélation
музхона

four
духовка

poubelle
урна

lave-vaisselle
идиш ювадиган машина

cuisinière

плита

marmite

кастрюль

cocotte en fonte

чўян қозон

wok / kadai

бўртма тубли това

poêle

това

bouilloire

човгун

cuiseur à vapeur

мантиқасқон

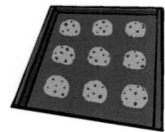

plaque à pâtisserie

тунука това

vaisselle

идиш

grande tasse

кружка

bol

коса

baguettes

таом ейиш таёқчалари

louche

чўмич

spatule

куракча

fouet

кўпиртиргич

passoire

элак

tamis

элак

râpe

қирғич

mortier

ҳовонча

barbecue

гриль

foyer

олов

cuisine - ошхона

planche à découper

оштахта

rouleau à pâtisserie

жува

tire-bouchon

пармасимон тиқин очгич

boîte à conserves

консерва

ouvre-boîte

консерва очгич

mitaine de four

тутгич

évier

унитаз

brosse

идиш чўтка

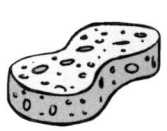

éponge

қозонсочиқ

mélangeur

қориштиргич

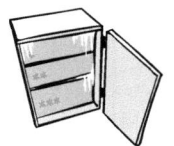

congélateur

музлатгич

biberon

сўрғичли чақалоқ бутилкаси

robinet

кран

salle de bains
ваннахона

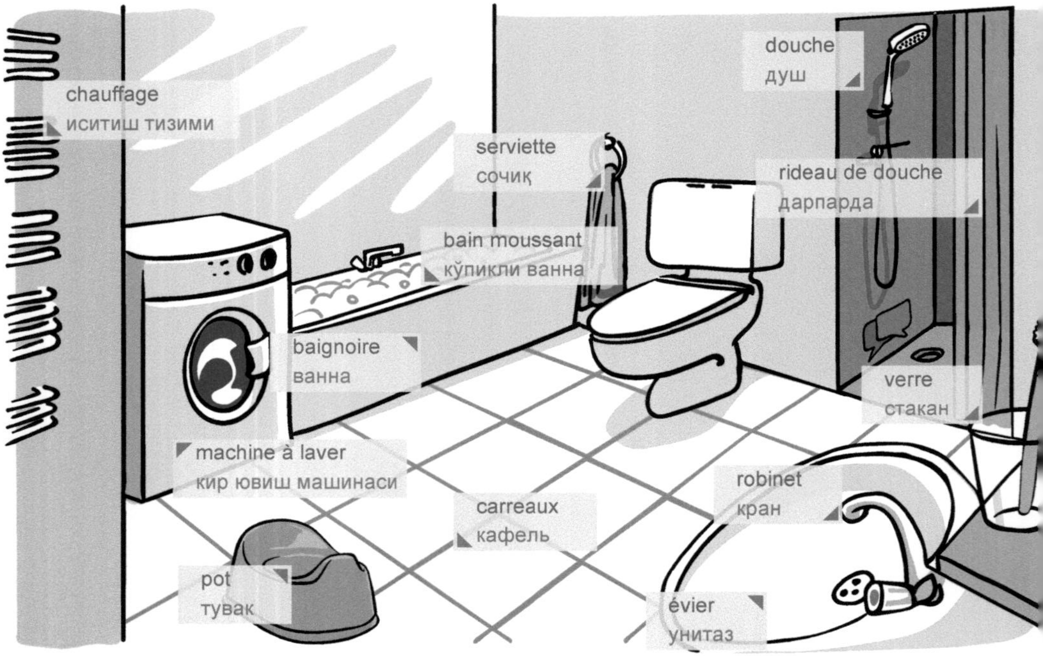

- chauffage — иситиш тизими
- douche — душ
- serviette — сочиқ
- rideau de douche — дарпарда
- bain moussant — кўпикли ванна
- baignoire — ванна
- machine à laver — кир ювиш машинаси
- verre — стакан
- carreaux — кафель
- robinet — кран
- pot — тувак
- évier — унитаз

toilette
хожатхона

toilette turque
полга ўрнатиладиган унитаз

bidet
таҳоратдон

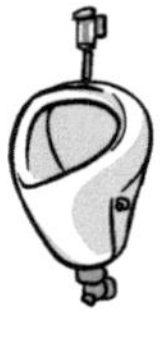

urinoir
сийдик унитази

papier hygiénique
хожатхона қоғози

brosse à toilette
хожатхона чўткаси

salle de bains - ваннахона

brosse à dents

тиш чўтка

dentifrice

тиш пастаси

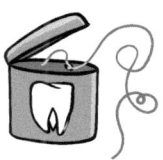

soie dentaire

тиш тозалагич ип

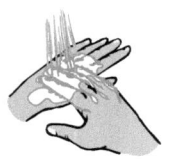

laver

ювмоқ

douchette

дастакли душ

douche vaginale

таҳорат учун душ

cuvette

тоғора

brosse pour le dos

елка қашлайдиган чўтка

savon

совун

gel douche

душ учун гель

shampoing

шампунь

débarbouillette

мочалка

drain

қувур

crème

крем

déodorant

дезодарант

salle de bains - ваннахона

miroir

кўзгу

miroir à main

қўл кўзгуси

rasoir

устара

mousse à raser

устара учун кўпик

après-rasage

салқинлантирувчи бальзам

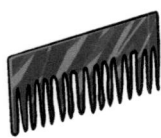

peigne

тароқ

brosse

чўтка

sèche-cheveux

фен

laque

соч учун лак

maquillage

пардоз-андоз

rouge à lèvres

лаб учун помада

vernis à ongles

тирноқ лаки

ouate

пахта

ciseaux à ongles

тирноқ қайчиси

parfum

духи

salle de bains - ваннахона

trousse de toilette

пардоз-андоз халтаси

tabouret

курси

pèse-personne

тарози

peignoir

чўмилиш халати

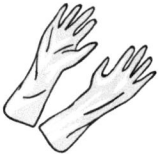

gants de caoutchouc

резина қўлқоп

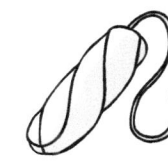

tampon

тампон

serviette hygiénique

гигиеник таглик

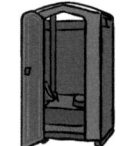

toilette chimique

биоҳожатхона

salle de bains - ваннахона

chambre d'enfant
болалар хонаси

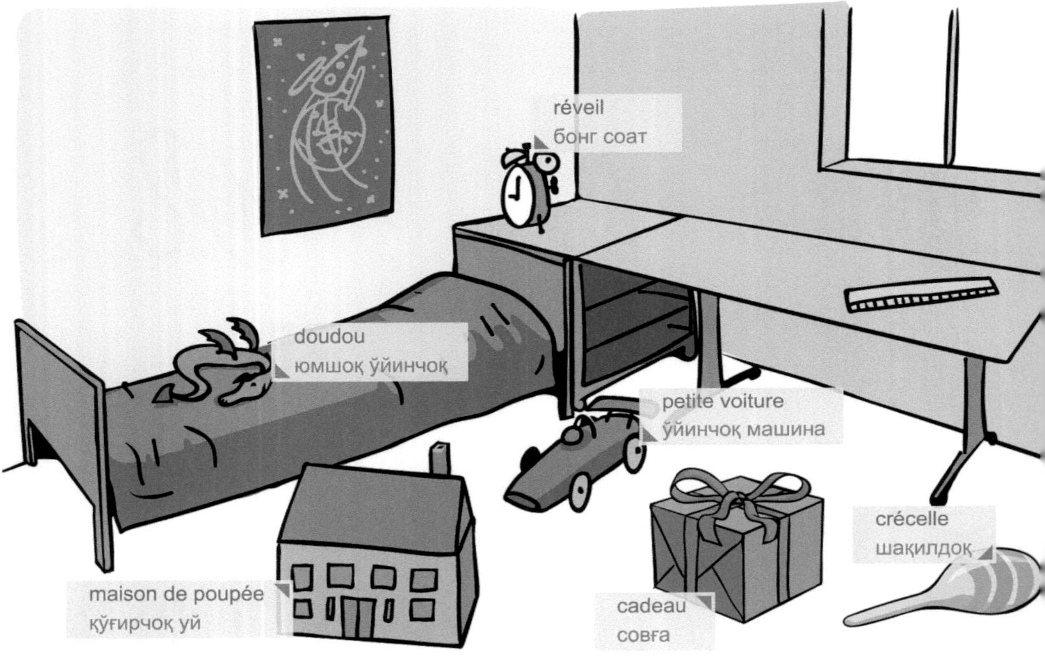
réveil
бонг соат
doudou
юмшоқ ўйинчоқ
petite voiture
ўйинчоқ машина
crécelle
шақилдоқ
maison de poupée
қўғирчоқ уй
cadeau
совға

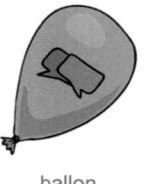

ballon

шар

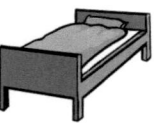

lit

кроват

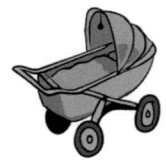

landau

болалар аравачаси

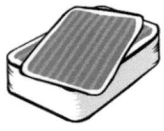

jeu de cartes

карта тўплами

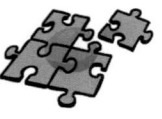

casse-tête

терма тасвир

SUPER MEGA

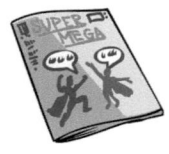

bande dessinée

кулгили саҳна асари

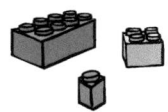
blocs LEGO
лего ғиштлари

jeu de briques
ўйинчоқ кубиклар

figurine articulée
ўйинчоқ қаҳрамон

dormeuse
ползунка

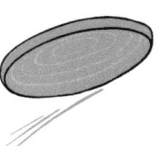
disque volant
учар ликопча

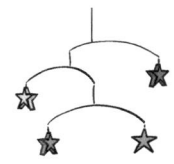
mobile
осма шақилдоқ

jeu de société
стол ўйини

dé
ошиқ

ensemble de modèles de train
поезд макети

mannequin
сўрғич

fête
ўтириш

livre d'images
расмли китоб

balle
копток

poupée
қўғирчоқ

jouer
ўйнамоқ

chambre d'enfant - болалар хонаси

bac à sable

қумдон

balançoire

арғимчоқ

jouets

ўйинчоқлар

console de jeu vidéo

ўйин приставкаси

tricycle

уч ғилдиракли велосипед

ours en peluche

бахмал айиқ

garde-robe

кийим шкафи

vêtements
кийим

chaussettes

пайпоқ

bas

чулки

collant

колготка

écharpe
шарф

parapluie
соябон

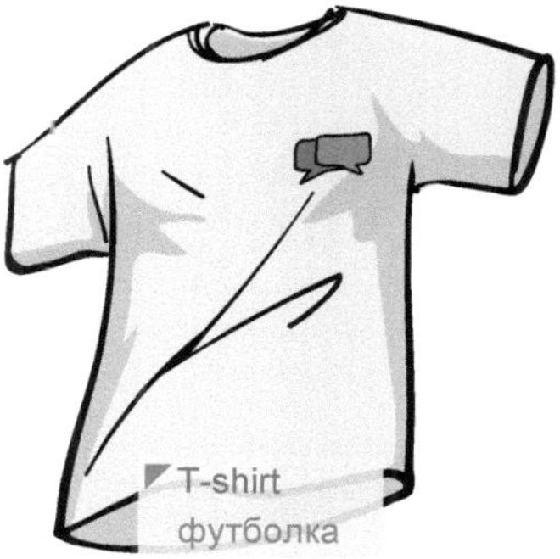

T-shirt
футболка

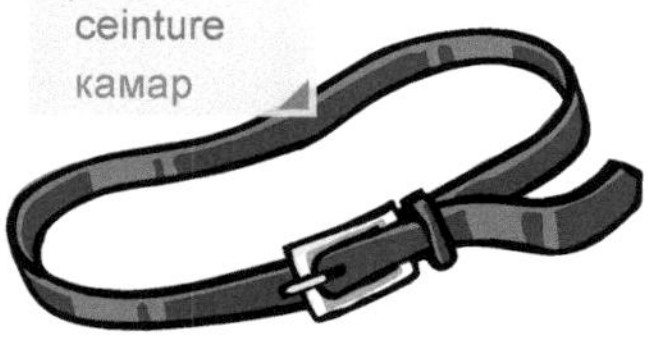

ceinture
камар

bottes
ботинка

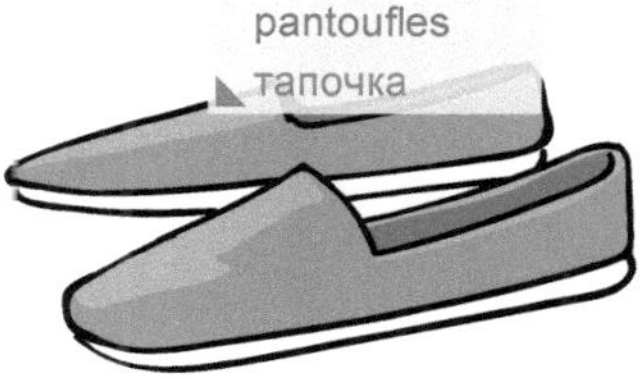

pantoufles
тапочка

chaussures de sport
кроссовка

sandales

шиппак

souliers

туфли

bottes de caoutchouc

резина этик

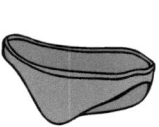

sous-vêtements

тор турсик

soutien-gorge

кўкракпеч

gilet

майка

vêtements - кийим

body
боди

pantalon
иштон

jean
жинси

jupe
юбка

chemisier
кофта

chemise
кўйлак

chandail
жемпер

chandail à capuche
узун чакмон

blazer
спорт бичимидаги пиджак

veste
куртка

manteau
пальто

manteau de pluie
плаш

complet
либос

robe
кўйлак

robe de mariée
келин кўйлак

vêtements - кийим

tailleur

костюм шим

chemise de nuit

тунги кўйлак

pyjama

пижама

sari

сари

foulard

шолрўмол

turban

салла

burqa

паранжи

cafetan

чакмон

abaya

абая

maillot de bain

чўмилиш костюми

maillot short

турсик

culotte courte

шортик

survêtement

спорт костюми

tablier

фартук

mitaines

қўлқоп

vêtements - кийим

bouton

тугма

lunettes

кўзойнак

bracelet

билагузук

collier

мунчоқ

bague

узук

boucle d'oreille

сирға

tuque

кепка

cintre

пальто илгак

chapeau

шляпа

cravate

бўйинбоғ

fermeture à glissière

замок

casque

дубулға

bretelles

шим тортгич

uniforme scolaire

мактаб формаси

uniforme

форма

bavoir
ошхўрак

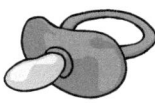
mannequin
сўрғич

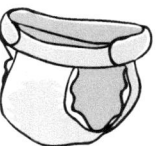
couche
таглик

bureau
идора

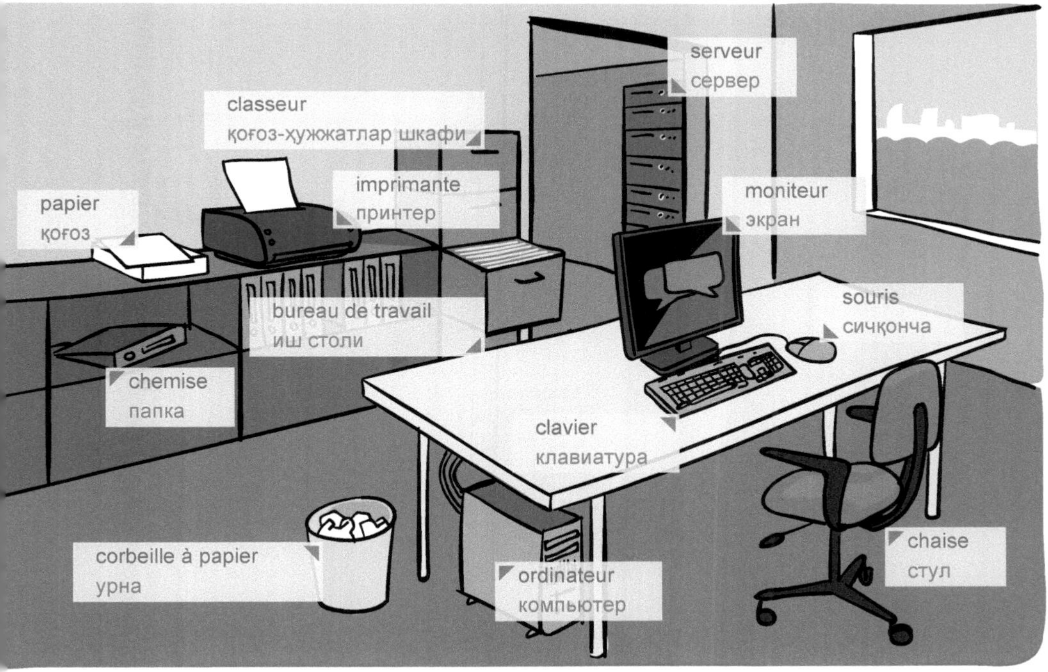

- classeur — қоғоз-ҳужжатлар шкафи
- papier — қоғоз
- imprimante — принтер
- serveur — сервер
- moniteur — экран
- bureau de travail — иш столи
- souris — сичқонча
- chemise — папка
- clavier — клавиатура
- corbeille à papier — урна
- ordinateur — компьютер
- chaise — стул

grande tasse à café
кофе кружкаси

calculatrice
калькулятор

Internet
интернет

ordinateur portable
ноутбук

lettre
хат

message
мактуб

téléphone cellulaire
уяли телефон

réseau
тармоқ

photocopieur
нусха кўчиргич

logiciel
дастур

téléphone
телефон

prise de courant
розетка

télécopieur
факс

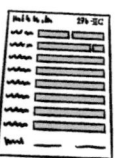
formulaire
шакллар

document
ҳужжат

bureau - идора

économie
иқтисод

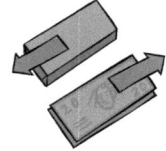

acheter

харид қилмоқ

payer

тўламоқ

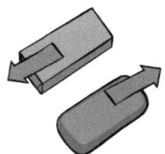

commercer

савдолашмоқ

argent

пул

dollar

доллар

euro

евро

yen

йен

rouble

рубль

franc suisse

швейцар франки

renminbi yuan

сэньминьби хитой юани

roupie

рупи

distributeur de billets

банкомат

bureau de change

пул айирбошлаш шаҳобчаси

or

олтин

argent

кумуш

pétrole

нефт

énergie

энергия

prix

нарх

contrat

шартнома

taxe

солиқ

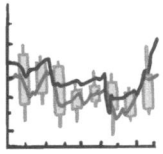

actions

акция

travailler

ишламоқ

employé

ишчи

employeur

иш берувчи

usine

завод

magasin

дўкон

économie - иқтисод

professions
касблар

agent de police
полициячи

pompier
ўт ўчирувчи

cuisinier
ошпаз

docteur
шифокор

pilote
учувчи

jardinier
боғбон

charpentier
дурадгор

couturier
тикувчи

juge
ҳакам

pharmacien
кимёгар

acteur
актёр

professions - касблар

chauffeur d'autobus
автобус ҳайдовчиси

chauffeur de taxi
такси ҳайдовчи

pêcheur
балиқчи

femme de ménage
фаррош

couvreur
том устаси

serveur
официант

chasseur
овчи

peintre
бўёқчи

boulanger
нонвой

électricien
электр устаси

constructeur de bâtiments
қурувчи

ingénieur
муҳандис

boucher
қассоб

plombier
сувчи чилангар

facteur
почтачи

professions - касблар

soldat

аскар

architecte

меъмор

caissier

ғазначи

fleuriste

гулчи

coiffeur

сартарош

chef de train

чиптачи

mécanicien

механик

capitaine

капитан

dentiste

тиш шифокори

scientifique

олим

rabbin

яхудийлар руҳонийси

imam

имом

moine

роҳиб

ecclésiastique

руҳоний

professions - касблар

outils
асбоблар

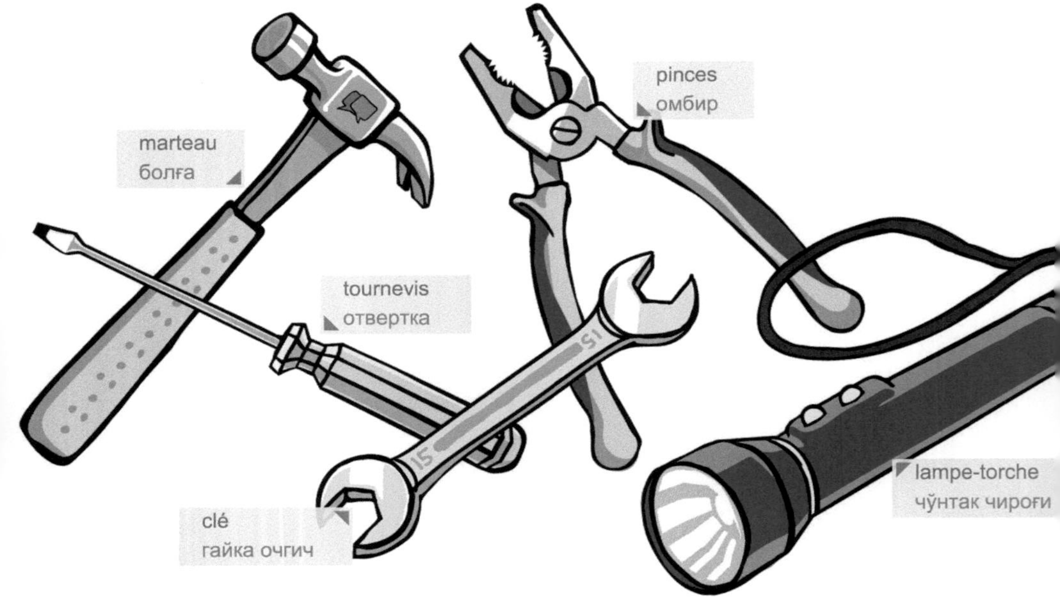

marteau
болға

pinces
омбир

tournevis
отвертка

clé
гайка очгич

lampe-torche
чўнтак чироғи

excavatrice

экскаватор

boîte à outils

асбоблар қутиси

échelle

нарвон

scie

қўларра

clous

мих

perceuse

пармадаста

réparer
тузатмоқ

pelle
белкурак

tabarnouche
Жин урсин!

pelle à poussière
хокандоз

pot de peinture
бўёқ идиш

vis
бурама мих

instruments de musique
мусиқа асбоблари

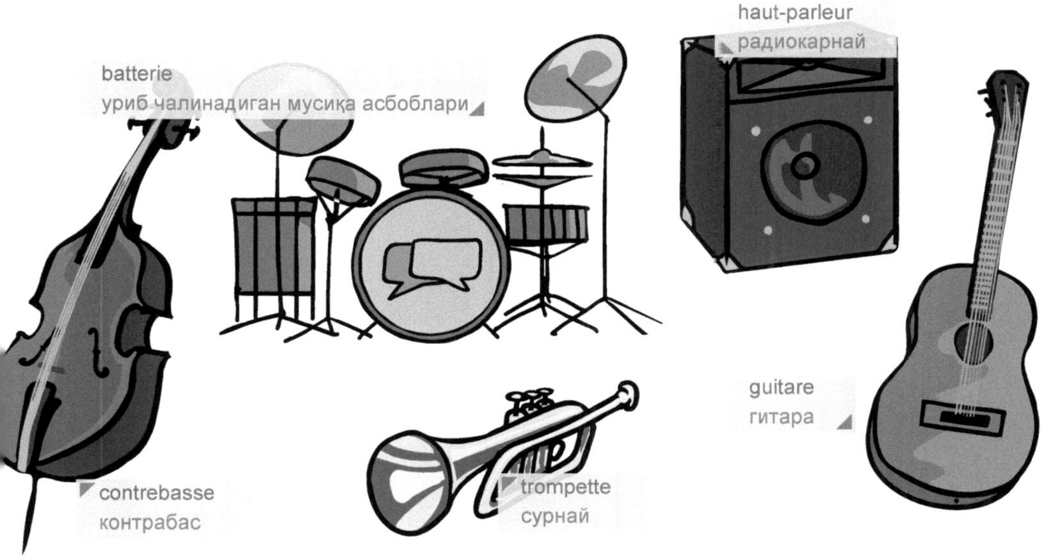

batterie
уриб чалинадиган мусиқа асбоблари

haut-parleur
радиокарнай

guitare
гитара

contrebasse
контрабас

trompette
сурнай

piano

пианино

violon

ғижжак

basse

бас-гитара

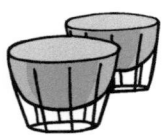

timbales

қўшноғора

tambour

дўмбира

synthétiseur

клавиатура

saxophone

саксофон

flûte

най

microphone

микрофон

ZOO
ҳайвонот боғи

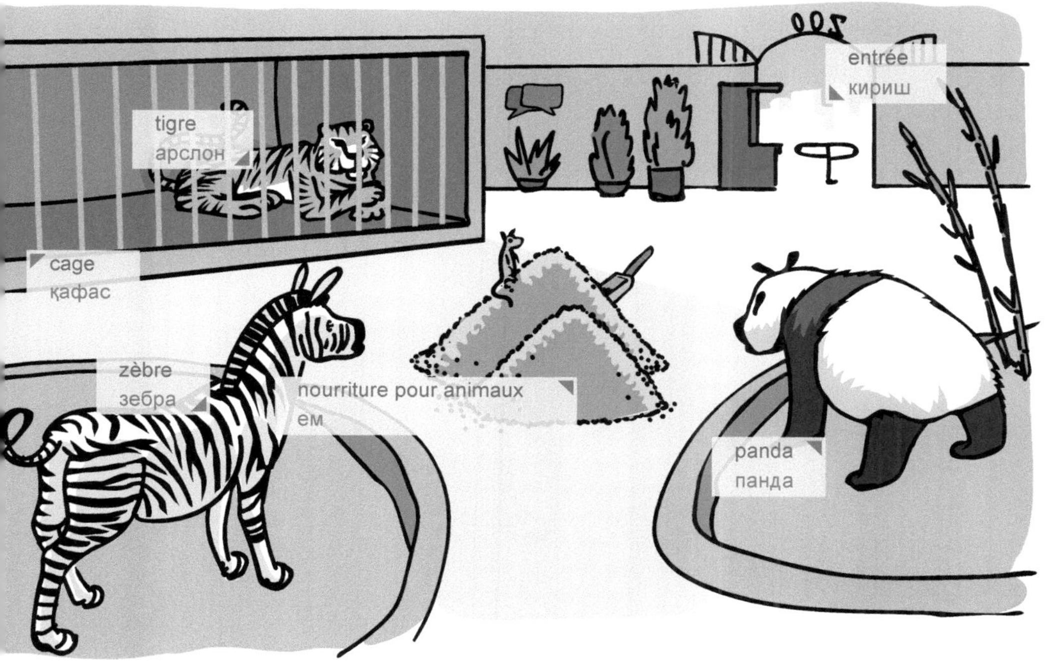

tigre
арслон

entrée
кириш

cage
қафас

zèbre
зебра

nourriture pour animaux
ем

panda
панда

animaux
ҳайвонлар

éléphant
фил

kangourou
кенгуру

rhinocéros
каркидон

gorille
горилла

ours
айиқ

chameau
туя

autruche
туяқуш

lion
шер

singe
маймун

flamand rose
фламинго

perroquet
тўти

ours polaire
оқ айиқ

pingouin
пингвин

requin
акула

paon
товус

serpent
илон

crocodile
тимсоҳ

gardien de zoo
ҳайвонот боғи қоровули

phoque
тюлень

jaguar
ягуар

poney

тўпичоқ от

léopard

қоплон

hippopotame

бегемот

girafe

жирафа

aigle

бургут

sanglier

эркак чўчқа

poisson

балиқ

tortue

тошбақа

morse

морж

renard

тулки

gazelle

оху

sports
спорт ўйинлари

football américain
америка футболи

cyclisme
велосипед ҳайдаш

tennis
теннис

basketball
баскетбол

natation
сузиш

boxe
бокс

hockey sur glace
муз хоккейи

soccer
футбол

badminton
бадминтон

athlétisme
енгил атлетика

handball
қўлтўпи

ski
чанғи учиш

polo
поло

activités
машғулот

sauter
сакрамоқ

serrer dans les bras
қучмоқ

rire
кулмоқ

chanter
куйламоқ

marcher
юрмоқ

prier
ибодат қилмоқ

embrasser
ўпмоқ

rêver
хаёл қилмоқ

écrire
ёзмоқ

dessiner
чизмоқ

montrer
кўрсатмоқ

pousser
итармоқ

donner
бермоқ

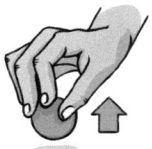

prendre
олмоқ

activités - машғулот

avoir
эга бўлмоқ

faire
бажармоқ

être
бўлмоқ

être debout
турмоқ

courir
югурмоқ

tirer
тортмоқ

jeter
улоқтирмоқ

tomber
йиқилмоқ

s'allonger
алдамоқ

attendre
кутмоқ

porter
ташимоқ

s'asseoir
ўтирмоқ

s'habiller
кийинмоқ

dormir
ухламоқ

se réveiller
уйғонмоқ

activités - машғулот

regarder

қарамоқ

pleurer

йиғламоқ

caresser

зарба бермоқ

peigner

тарамоқ

parler

гаплашмоқ

comprendre

тушунмоқ

demander

сўрамоқ

écouter

тингламоқ

boire

ичмоқ

manger

емоқ

ranger

йиғиштирмоқ

aimer

севмоқ

cuisiner

пиширмоқ

conduire

ҳайдамоқ

voler

учмоқ

activités - машғулот

faire de la voile
кемада сузмоқ

calculer
ҳисобламоқ

lire
ўқимоқ

apprendre
ўрганмоқ

travailler
ишламоқ

se marier
турмуш қурмоқ

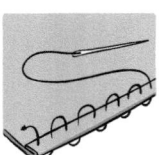

coudre
тикмоқ

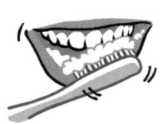

brosser les dents
тиш ювмоқ

tuer
ўлдирмоқ

fumer
чекмоқ

envoyer
йўлламоқ

activités - машғулот

famille
оила

grand-mère
буви

grand-père
бува

père
ота

mère
она

bébé
чақалоқ

fille
қиз

fils
ўғил

invité

меҳмон

tante

амма

oncle

тоға

frère

ака

sœur

опа

corps
тана

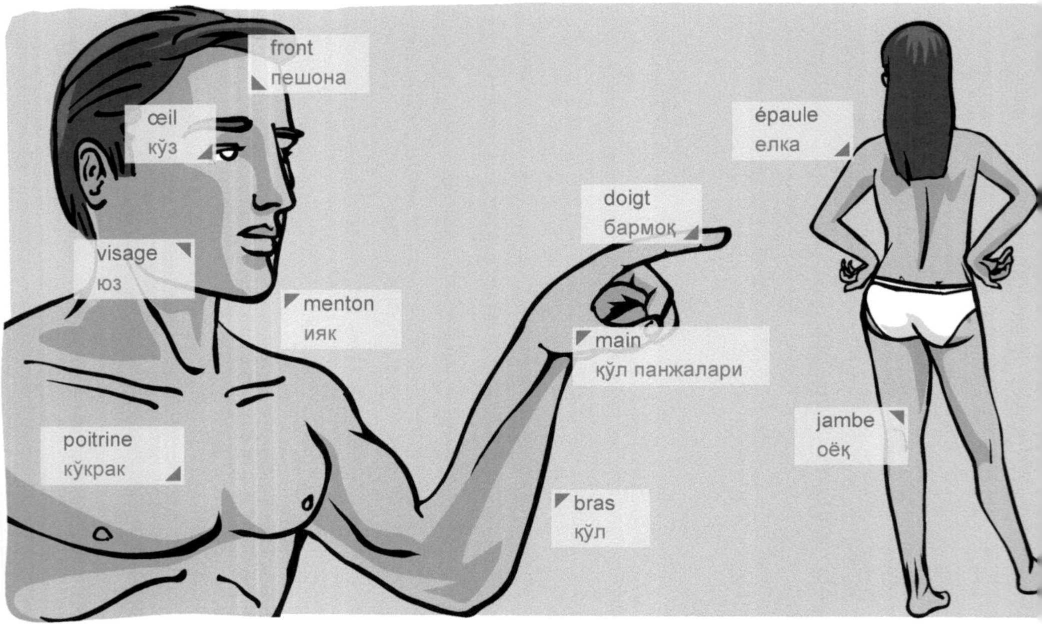

- front / пешона
- œil / кўз
- visage / юз
- menton / ияк
- poitrine / кўкрак
- épaule / елка
- doigt / бармоқ
- main / қўл панжалари
- bras / қўл
- jambe / оёқ

bébé
чақалоқ

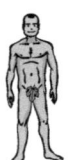

homme
одам

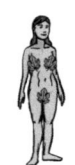

femme
аёл

fille
қиз бола

garçon
ўғил бола

tête
бош

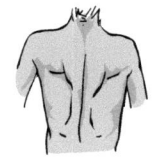

dos
орқа

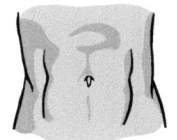

ventre
қорин

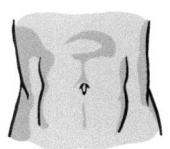

nombril
киндик

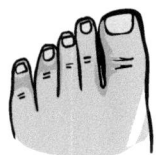

orteil
оёқ панжаси

talon
товон

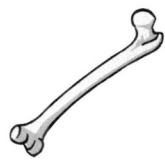

os
суяк

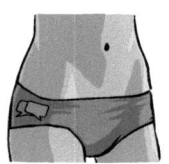

hanche
бел

genou
тизза

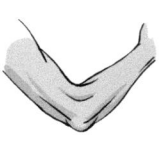

coude
тирсак

nez
бурун

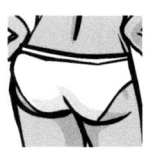

derrière
думба

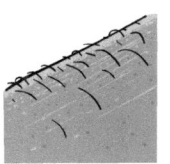

peau
тери

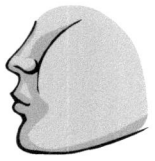

joue
яноқ

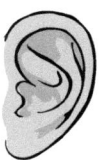

oreille
қулоқ

lèvre
лаб

corps - тана

bouche

оғиз

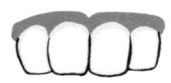

dent

тиш

langue

тил

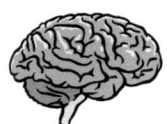

cerveau

мия

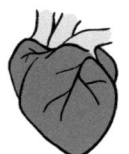

cœur

юрак

muscle

мушак

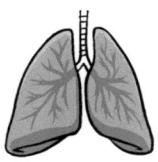

poumon

ўпка

foie

жигар

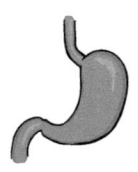

estomac

ошқозон

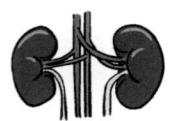

reins

буйрак

rapport sexuel

жинсий алоқа

condom

презерватив

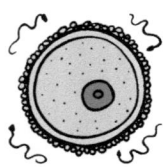

ovule

тухум ҳўжайра

sperme

уруғ

grossesse

ҳомиладорлик

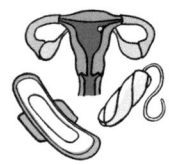
menstruation
ҳайз

vagin
бачадон

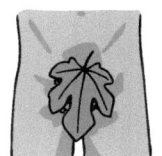
pénis
олат

sourcil
қош

cheveux
соч

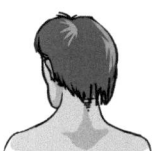
cou
бўйин

hôpital
шифохона

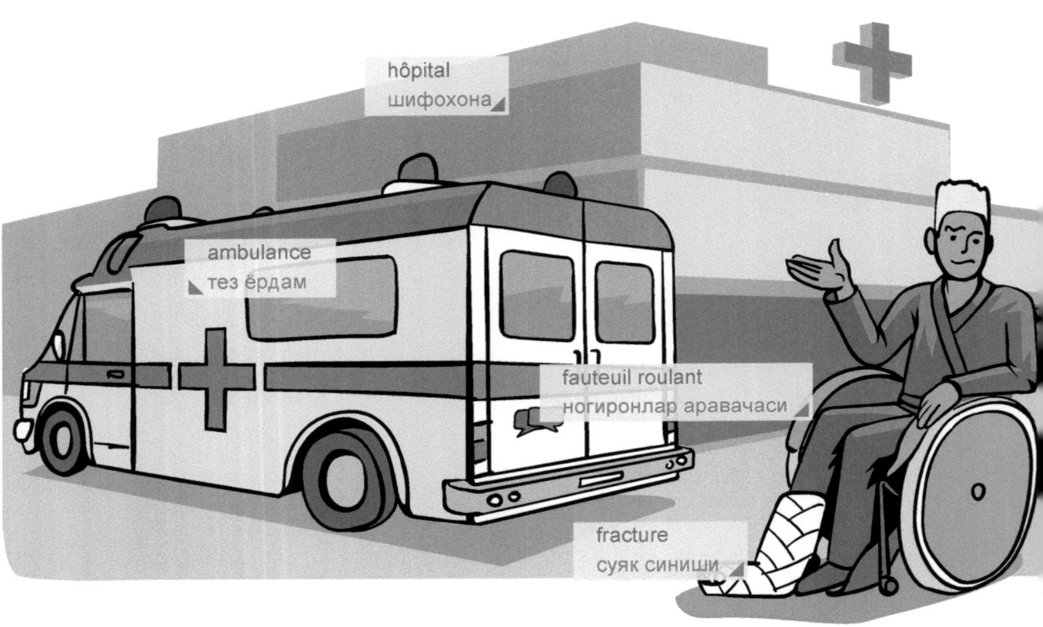

hôpital
шифохона

ambulance
тез ёрдам

fauteuil roulant
ногиронлар аравачаси

fracture
суяк синиши

docteur
шифокор

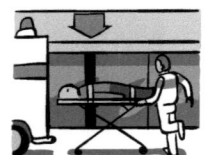

salle des urgences
Шошилинч тиббий ёрдам кўрсатиш бўлими

infirmier
ҳамшира

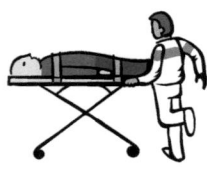

urgence
тез ёрдам

inconscient
ҳушсизлик

douleur
оғриқ

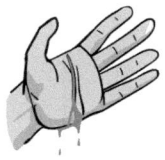
blessure
жароҳат

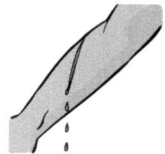
saignement
қонаш

crise cardiaque
юрак хуружи

AVC
инсульт

allergie
аллергия

toux
йўтал

fièvre
иситма

grippe
тумов

diarrhée
ич кетиш

mal de tête
бош оғриғи

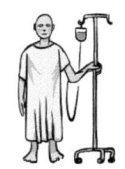
cancer
саратон касали

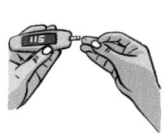
diabète
қандли диабет

chirurgien
жарроҳ

scalpel
жарроҳ пичоғи

opération
жарроҳлик амалиёти

hôpital - шифохона

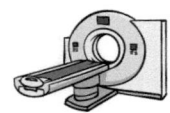

tomodensitométrie

томография

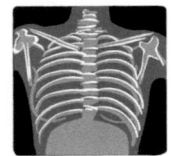

radiographie

рентген

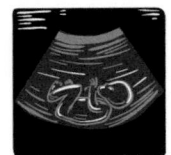

ultrason

ултратовуш текшируви

masque

юз ниқоби

maladie

касаллик

salle d'attente

қабулхона

béquille

қўлтиқтаёқ

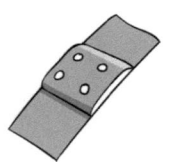

sparadrap

малҳамли пластир

bandage

бинт

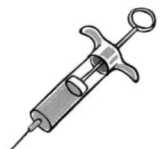

injection

укол

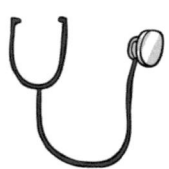

stéthoscope

юрак урушини ва ўпкани
эшитиб кўрадиган асбоб

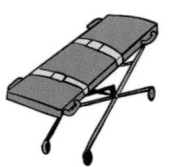

brancard

беморлар учун замбил

thermomètre médical

термометр

accouchement

туғруқ

excès de poids

семизлик

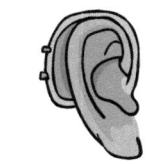
appareil auditif
эшитиш мосламаси

désinfectant
дезинфекцияловчи восита

infection
инфекция

virus
вирус

VIH / Sida
ОИВ / ОИТС

médicament
дори

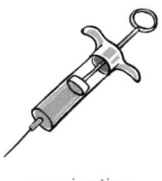
vaccination
эмлаш

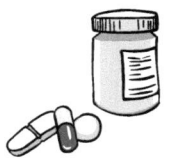
comprimés
таблетка

pilule
дори

appel d'urgence
тез ёрдам қўнғироғи

tensiomètre
қон босимини ўлчаш асбоби

malade / en bonne santé
касал / соғлом

hôpital - шифохона 75

urgence
тез ёрдам

Au secours !
Ёрдам беринглар!

alarme
хавф-хатар ишораси

assaut
тажовуз

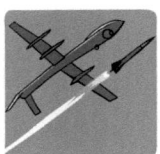

attaque
ҳужум

danger
хавф

sortie de secours
фавкулодда ҳолатларда чиқиш эшиги

Au feu !
Ёнғин!

extincteur
ўт ўчиргич

accident
фалокат

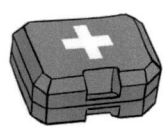

trousse de premiers soins
биринчи тиббий ёрдам тўплами

SOS
фалокат сигнали

police
полиция

Terre
Ep

Europe

Европа

Amérique du Nord

Шимолий Америка

Amérique du Sud

Жанубий Америка

Afrique

Африка

Asie

Осиё

Australie

Австралия

océan Atlantique

Атлантик океани

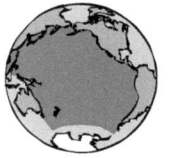

océan Pacifique

Тинч океани

océan Indien

Ҳинд океани

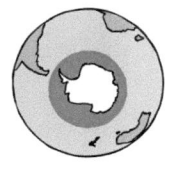

océan Antarctique

Антарктида океани

océan Arctique

Арктика океани

Pôle Nord

Шимолий қутб

Pôle Sud
Жанубий қутб

Antarctique
Антарктика

Terre
Ер

terre
ўлка

mer
денгиз

île
орол

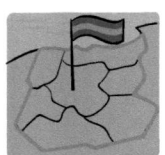

nation
миллат

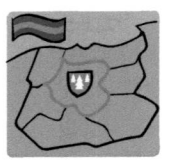

État
давлат

heure
соат

cadran

астрономик вақт кўрсатгичи

aiguille des heures

соат мили

aiguille des minutes

дақиқа мили

aiguille des secondes

сония мили

Quelle heure est-il ?

Соат неча?

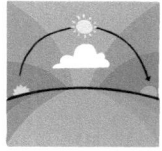

jour

кун

temps

вақт

maintenant

ҳозир

montre à affichage numérique

рақамли соат

minute

дақиқа

heure

соат

semaine
хафта

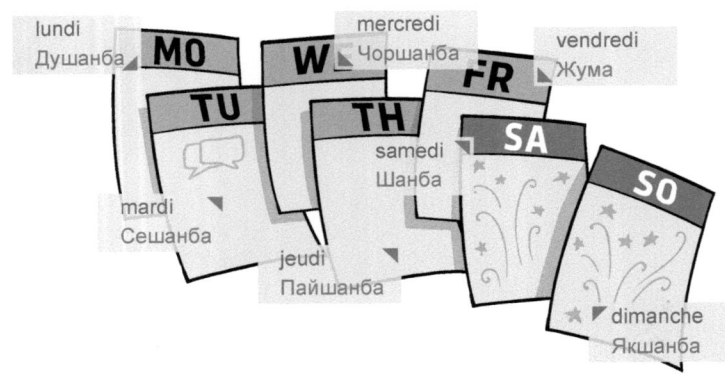

lundi
Душанба

mercredi
Чоршанба

vendredi
Жума

samedi
Шанба

mardi
Сешанба

jeudi
Пайшанба

dimanche
Якшанба

hier

кеча

aujourd'hui

бугун

demain

эртага

matin

эрталаб

midi

пешин

soir

кечкурун

jours ouvrables

иш кунлари

fin de semaine

дам олиш кунлари

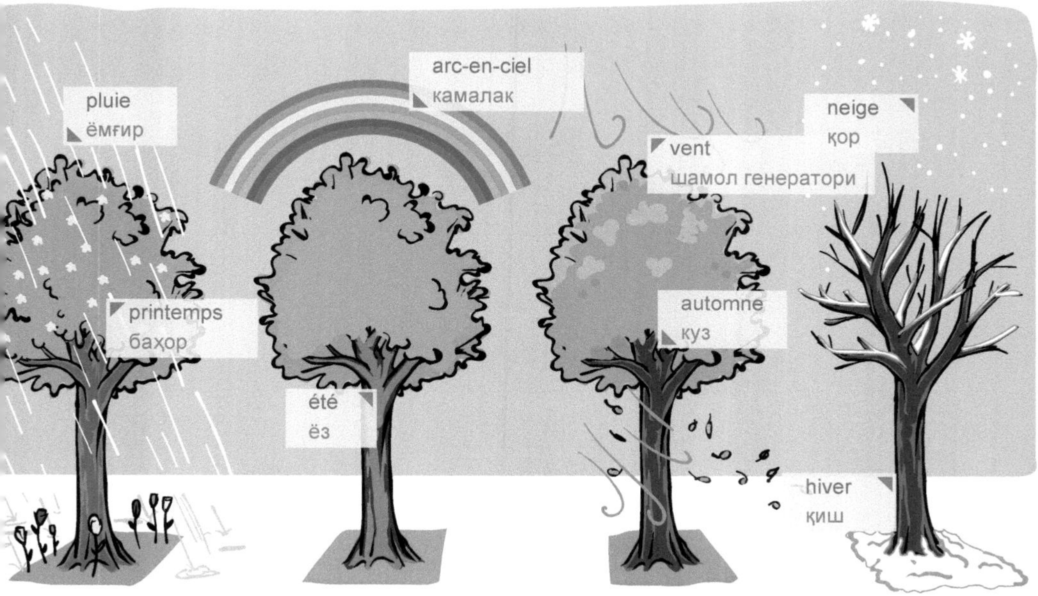

année
йил

- pluie / ёмғир
- arc-en-ciel / камалак
- vent / шамол генератори
- neige / қор
- printemps / баҳор
- été / ёз
- automne / куз
- hiver / киш

visions météorologiques

об-ҳаво маълумоти

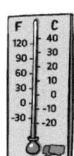

thermomètre

термометр

rayons du soleil

қуёшли

nuage

булут

brouillard

туман

humidité

намгарчилик

année - йил

foudre
чақмоқ

tonnerre
момоқалдироқ

tempête
бўрон

grêle
дўл

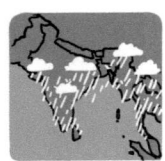
mousson
намгарчилик мавсуми

inondation
тошқин

glace
муз

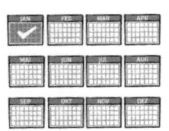
janvier
Январь

février
Февраль

mars
Март

avril
Апрель

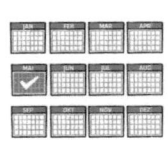
mai
Май

juin
Июнь

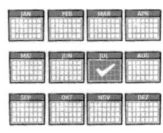
juillet
Июль

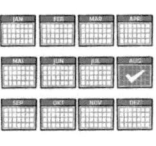
août
Август

année - йил

septembre

Сентябрь

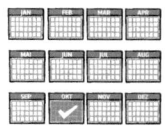
octobre

Октябрь

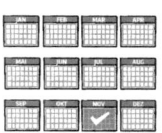
novembre

Ноябрь

décembre

Декабрь

formes
шакллар

cercle

айлана

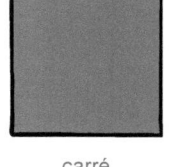
carré

квадрат

rectangle

тўртбурчак

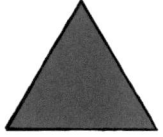
triangle

учбурчак

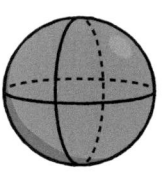
sphère

доира

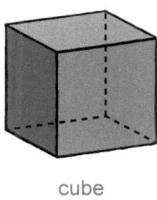
cube

куб

couleurs
ранглар

blanc
оқ

jaune
сариқ

orange
сабзи ранг

rose
пушти

rouge
қизил

violet
тўқ қизил

bleu
кўк

vert
яшил

marron
жигар ранг

gris
кул ранг

noir
қора

opposés
қарама-қарши маъноли сўзлар

beaucoup / un peu

кўп / оз

en colère / calme

ғазабли / хотиржам

beau / laid

гўзал / хунук

début / fin

боши / охири

grand / petit

катта / кичик

lumineux / sombre

ёруғ / қоронғу

frère / sœur

ака / сингил

propre / sale

тоза / ифлос

complet / incomplet

тўлиқ / чала

jour / nuit

кун / тун

mort / vivant

ўлик / тирик

large / étroit

кенг / тор

comestible / non comestible

еса бўладиган / еса бўлмайдиган

méchant / gentil

ёвуз / хайрли

être enthousiaste / s'ennuyer

ҳаяжонли / зерикарли

gros / mince

семиз / озғин

premier / dernier

биринчи / охирги

ami / ennemi

дўст / душман

plein / vide

тўла / бўш

dur / mou

қаттиқ / юмшоқ

lourd / léger

оғир / енгил

faim / soif

очлик / чанқов

malade / en bonne santé

касал / соғлом

illégal / légal

ноқонуний / қонуний

intelligent / stupide

зиёли / калтафаҳм

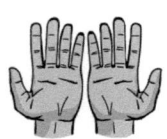

gauche / droite

чап / ўнг

proche / loin

яқин / узоқ

opposés - қарама-қарши маъноли сўзлар

neuf / usagé

янги / ишлатилган

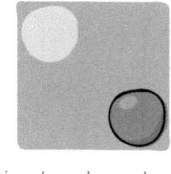

rien / quelque chose

ҳеч нарса / бир нарса

vieux / jeune

қари / ёш

marche / arrêt

ёниқ / ўчиқ

ouvert / fermé

очиқ / ёпиқ

calme / bruyant

паст / баланд

riche / pauvre

бой / камбағал

correct / incorrect

тўғри / нотўғри

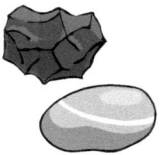

rugueux / lisse

нотекис / текис

triste / heureux

хафа / хурсанд

court / long

қисқа / узун

lent / rapide

секин / тез

mouillé / sec

нам / қуруқ

chaud / froid

илиқ / салқин

guerre / paix

уруш / тинчлик

opposés - қарама-қарши маъноли сўзлар   87

nombres
рақамлар

0 zéro / ноль

1 un / бир

2 deux / икки

3 trois / уч

4 quatre / тўрт

5 cinq / беш

6 six / олти

7 sept / етти

8 huit / саккиз

9 neuf / тўққиз

10 dix / ўн

11 onze / ўн бир

12 douze — ўн икки

13 treize — ўн уч

14 quatorze — ўн тўрт

15 quinze — ўн беш

16 seize — ўн олти

17 dix-sept — ўн етти

18 dix-huit — ўн саккиз

19 dix-neuf — ўн тўққиз

20 vingt — йигирма

100 cent — юз

1.000 mille — минг

1.000.000 million — миллион

nombres - рақамлар

langues
тиллар

anglais

Инглиз

anglais américain

Америкача инглиз тили

chinois mandarin

Хитой тилининг Мандарин лаҳчаси

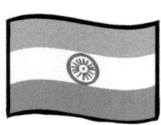

hindi

Ҳинд

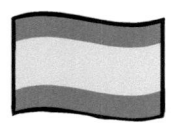

espagnol

Испан

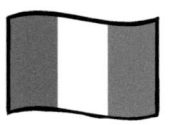

français

Француз

arabe

Араб

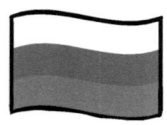

russe

Рус

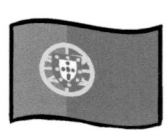

portugais

Португал

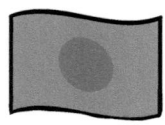

bengali

Бенгал

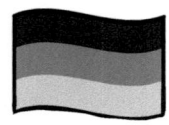

allemand

Немис

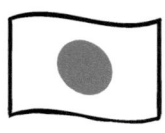

japonais

Япон

qui / quoi / comment
ким / нима / қандай

je
Мен

tu
Сен

il / elle / ce, c', cela
у / у / у

nous
биз

vous
сизлар

ils / elles
улар

qui ?
ким?

quoi ?
нима?

comment ?
қандай?

où ?
қаерда?

quand ?
қачон?

nom
исм

où
қаерда

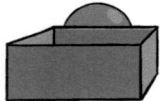
derrière
орқада

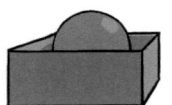
dans
ичида

devant
олдида

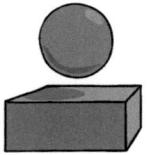
au-dessus
узра

sur
устида

en dessous
тагида

à côté de
ёнида

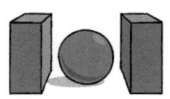
entre
ўртасида

endroit
жой